començo a LLEGIR AMB SUSAETA

Sant Jordi i el Drac

Textos de Mònica A. Falguera
Il·lustracions de Kasandra

susaeta

IL·LUSTRACIONS Kasandra
TEXTOS Mònica A. Falguera

© SUSAETA EDICIONES, S.A.
C/ Campezo, 13 - 28022 Madrid
Tel.: 91 3009100 - Fax: 91 3009118
www.susaeta.com

D.L.: M-28698-MMXVI

Sant Jordi i el Drac

Textos de Mònica A. Falguera

Il·lustracions de Kasandra

Diu la llegenda que fa molts anys, a la vila de Montblanc, va aparèixer un enorme drac amb l'alè pudent que al principi va dedicar-se a destrossar les terres dels voltants, i després a menjar-se el bestiar.

Quan ja no quedava cap animal, el drac va dirigir-se cap al poble disposat a menjar-se el que fos, atemorint la població.
Els habitants de Montblanc van reunir-se per buscar una solució.

Van decidir que cada dia farien un sorteig i donarien al drac la persona que sortís escollida. L'endemà mateix ja van fer el primer sorteig, i l'escollit va anar a parar a l'estómac de la bèstia.

El pla va tenir bons resultats, el drac marxava satisfet amb la seva víctima i ja no tornava fins el dia següent.

Però un dia, l'escollida
va ser la filla del rei...

La princesa, que era bona, amable i dolça, tenia el cor robat a tots els habitants del poble.

En saber-ho, molts d'ells van oferir-se voluntaris per anar-hi al seu lloc, ja que no volien que tingués una mort tan cruel.

El rei, malgrat el dolor i la desesperació que li produïa perdre la seva estimada filla, va acceptar el seu destí i va dir-li que havia d'anar-hi, perquè allò era el més just.

A primera hora del matí, la princesa va sortir del castell en direcció al bosc, mentre la gent de Montblanc, desconsolada, l'observava des de darrere les finestres tancades de les cases.

Però, tot d'una, va aparèixer un cavaller dalt d'un cavall blanc. La princesa va demanar-li que marxés, però sant Jordi va dir-li que l'alliberaria del malvat drac.

Quan el drac va aparèixer, va començar la lluita. Finalment, sant Jordi va ferir de mort el drac amb la seva llança, i el drac va caure desplomat.

Explica la llegenda que de la sang que sortí de la ferida del drac va néixer un bonic roser de roses vermelles, i que sant Jordi va agafar-ne una per donar-la a la princesa en senyal d'amor i respecte.

És per això que cada 23 d'abril, dia de sant Jordi, a Catalunya és el dia dels enamorats. Els nois han de regalar una rosa a la seva estimada en senyal d'amor i respecte, igual que va fer sant Jordi amb la princesa.